BIOGRAPHIE

DE

E. DE MIRECOURT

PAR

TH. DESCHAMPS ET M. SERPANTIÉ

DEUXIÈME ÉDITION.

Prix : 1 franc.

PARIS
BUREAU DU MONITEUR DRAMATIQUE
Passage Saulnier, 18.

1855

BIOGRAPHIE

DE

E. DE MIRECOURT

TYPOGRAPHIE MÉCANIQUE D'A. DELCAMBRE ET COMPAGNIE,
15, RUE BREDA.

AVANT-PROPOS

M. Eugène de Mirecourt a quarante ans; c'est dire que son nom a déjà franchi les limbes de l'illustration littéraire. La fatalité plaça autrefois un pamphlet dans le berceau du jeune écrivain ; l'esprit de ce pamphlet s'est aujourd'hui multiplié, dédoublé, fécondé sous forme de nombreux petits in-32. *Les Contemporains* de M. de Mirecourt, disons-le, n'arrivent pas au but que cet écrivain veut atteindre en face du public; ils ne font qu'assouvir son insatiable curiosité, rien de plus.

Pourquoi donc, avec son verveux talent, avec ses qualités de brillant coloriste, M. de Mirecourt n'a-t-il pas simplement suivi le paisible sentier de l'idéal littéraire? Pourquoi s'est-il retourné tout à coup vers le passé scandaleux de sa renommée maintenant si bien acquise? Pourquoi prend-il de nouveau un chemin de traverse, en dehors de la voie promise aux prédestinés de la littérature? Pourquoi se place-t-il encore sur de périlleuses hauteurs, qui, tout en le mettant en évidence devant la foule, lui font perdre de vue le seul chemin de la vraie gloire littéraire ? C'est que M. de Mirecourt est impatient de cette gloire. Malgré ses mérites incontestés, cet écrivain est dévoré du mal qui ronge au cœur les talents incomplets; tout obstacle placé en travers de sa renommée jalouse le passionne, le surexcite et plus tard l'aveugle; alors cet écrivain n'hésite pas à s'en prendre à ce qu'il y a de plus irritable dans le monde, au charlatanisme et à la sottise effrontée qui battent monnaie avec la crédulité publique. Mais que fait-il pour cela? Il rend aux badauds qu'on trompe *fausse monnaie* pour *fausse monnaie* ; il quitte ses travaux de bon aloi ; il se lance à son tour, avec une vivacité sans frein, dans une impasse où sa renommée d'écrivain court surtout les plus grands risques.

La première impasse où se soit aventuré M. de Mirecourt s'appelle *la Fabrique de Romans*, — maison *Alexandre Dumas et Compagnie* ; la seconde se nomme *les Contemporains*.

M. de Mirécourt quitte ainsi la plume du penseur pour jouer avec la marotte du bouffon. Il met, il est vrai, presque tous les rieurs de son côté ; mais qui rit après lui ? A coup sûr, ce sont les mystifiés de M. de Mirecourt ; car ils lui font expier plus tard son rôle de vengeur, et lui marchandent ce rang envié qu'il a quitté dans les lettres pour se faire *colporteur de nouvelles* sur la voie publique. Voilà le tort individuel que M. de Mirecourt se fait à lui-même en se posant en grand et haut justicier devant la gent lettrée et artistique.

Voyons maintenant le tort le plus

sérieux qu'il a fait à la corporation des hommes de lettres et des artistes.

M. de Mirecourt, en permettant à tout le monde de risquer un regard avide, de tendre une oreille indiscrète vers la porte entre-bâillée du foyer des illustrations du jour, ne rend service à personne, pas même à son public qu'il amuse. Le spectacle des faiblesses, des misères, des susceptibilités humaines n'est pas, après tout, un spectacle très-attrayant. Avec son esprit acerbe ou louangeur, M. de Mirecourt dépouille ainsi chaque renommée du prestige qui, avant lui, rayonnait autour de sa victime flattée ou honnie.

En dégageant chaque individualisme de sa propre gloire, en ne montrant que l'homme célèbre dans sa nudité plate, vulgaire, prosaïque, M. de Mirecourt croit analyser la gloire; il se trompe, il ne fait que la *décapiter* : car il permet ainsi à la foule d'insulter impunément une société d'élite, de rire des blessures qu'elle se fait elle-même sous les lacérations de sa continuelle envie; il la fait odieusement jouer avec toutes ses difformités engendrées par ses pénibles labeurs.

— VIII —

Aussi, les lettrés, les artistes, tous les esprits flétris ou fêtés par M. de Mirecourt en veulent-ils sans examen au rôle de vengeur littéraire qu'il s'est arrogé. Plus il est accueilli par des applaudissements de la foule, plus le monde des hommes célèbres serre le nœud coulant qui essaie d'enlacer son odieuse personnalité. Lorsque le public le regarde seulement comme un aimable bouffon, le monde des lettres, malgré ses protestations ai= gres-douces, le considère à son tour comme un bourreau plein de sombres initiatives.

M. de Mirecourt n'est à nos yeux ni

un bouffon, ni un bourreau. Pour détruire cette fausse opinion de part et d'autre, nous entreprenons aujourd'hui cette contre-biographie. Les ouvrages satiriques de cet écrivain sont moins le résultat de son esprit que de son tempérament; pour le démontrer, nous entrons dans la voie où ce biographe s'est si fatalement engagé.

A notre tour, nous allons sonder les misères, l'orgueil et le talent de M. *Eugène Jacquot*, dit de Mirecourt; nous lui prenons donc son épigraphe, et nous lui disons : *Chapeau bas ! Laissez passer les biographes honnêtes.*

EUGÈNE JACQUOT

Eugène de Mirecourt, dans l'intérêt de sa réputation littéraire, a substitué à son nom patronymique de *Jacquot*, le nom de sa ville natale. Cette substitution ne trompe plus personne : les petits journaux, organes complaisants de ses grands adversaires, ont déchiré à belles dents la particule sans cesse renaissante de ce parchemin d'emprunt.

C'est la lutte du serpent contre la lime.

Jacquot restera *Mirecourt.* Notre postérité, moins embarrassée que celle d'Homère, n'aura pas à se creuser la tête pour savoir au juste le nom de sa ville natale.

Jacquot, dit Mirecourt, s'est incliné de bonne grâce devant cette révélation de son nom; il n'a point ajouté au ridicule qui lui est échu par droit de naissance, celui de se fâcher de cette découverte. D'ailleurs, il suffit de remonter à la date de son premier livre, édité chez Baudry, et intitulé: *Sortie d'un rêve,* pour être forcé d'avouer qu'il avait prévu cette révélation. Sur la première page, resplendit en toutes lettres l'appellation destinée à désigner plus particulièrement les individus très-peu lettrés des deux grandes tribus des *singes* et des *perroquets*.

De plus, M. de Mirecourt a expliqué dans une nouvelle intitulée : *Les inconvénients d'un vilain nom*, la nécessité de ne point braver un ridicule sans remède. En prévenant les rires que ses adversaires ne demandaient pas mieux que de faire éclater autour de lui, il s'est montré fort habile, et a transformé le feu mortel dirigé contre sa personnalité en un brillant feu d'artifice tiré en son honneur.

Le nom véritable et bizarre de Jacquot fait aujourd'hui autant de bruit dans le monde que le nom d'emprunt, si ronflant, de Mirecourt ; et on le sent fort bien, par goût, par tempérament, par état, cet écrivain ne déteste pas le bruit qui escorte la renommée.

Jacquot, dans le domaine de la publicité, a donc fait la courte échelle à Mirecourt; Mirecourt, à la première étape de sa gloire, a tiré non moins poliment son chapeau à Jacquot, qui lui valut une bonne partie de sa célébrité. — Ils sont quittes.

Nous avons dit ailleurs qu'Eugène Jacquot avait quarante ans; nous le répétons, pour qu'on ne l'oublie pas, et nous constatons qu'il est né à Mirecourt, patrie des orgues de Barbarie, en 1815, année des Cosaques.

Son grand-père maternel, connu

dans tout le pays sous le nom de *Petit-Jean*, avait été vétérinaire de chevau-légers sous Louis XV. Il exerçait encore sa profession dans cette petite ville des Vosges à l'époque où naquit notre héros. C'était un courageux patriote, que les dangers de l'invasion trouvèrent au premier rang.

Il tint l'enfant sur les fonts baptismaux de la paroisse au milieu de la fusillade ennemie.

C'était de bon augure.

Sa fille, la mère d'Eugène, avait épousé *Jacquot Baron*, fils du maître de l'hôtel des Postes ; il prétendait descendre de *Jacquot, baron d'Harcourt*, qui dans les guerres des Rustauds d'Alsace, s'était également distingué sous le duc Antoine de Lorraine.

Notre héros peut donc avoir quelques prétentions à la noblesse; cependant, la particule de sa ville natale est, avant tout, un tribut de reconnaissance qu'il paie à la patrie.

Eugène Jacquot n'envie qu'une noblesse : il cherche à la justifier dans son brevet d'homme de lettres, et sa plume est tout aussi acérée que la forte lame de son grand-père. Comme on le voit par ses *Contemporains*, cette plume ne craint pas de s'attaquer aux *traitants de lettres* qui s'opposent aux succès et à la gloire de ses vaillantises.

— Le sang de *Petit-Jean* coule dans les veines de Jacquot.

Mais, hélas! étrange caprice de la destinée! Jacquot était voué par sa mère à l'état ecclésiastique. Rien pourtant ne faisait présager alors qu'il deviendrait un modèle de vertu chrétienne; lui-même se rendait justice à cet égard; mais, cédant aux prières, aux larmes de l'excellente femme, il se résigna à ne voir dans la perspective de sa vie que les murs désespérants d'un séminaire, d'un couvent ou d'une église.

Il embrassa donc l'état ecclésiastique; c'était au moment de la transition de l'enfance à la jeunesse.

Il lutta d'abord contre ses instincts

avec un courage digne des premiers Pères de la Foi; mais il lutte, moins pour être un bon chrétien que pour se persuader qu'il l'est.

Vaincu enfin, et se sentant impuissant à continuer cette existence, il prend une résolution suprême. Pour se punir de ses rêves profanes, si indignes d'un futur ministre de Dieu, il se décide à partir pour la Trappe. C'était en 1833. Afin d'éviter des explications verbales qu'il n'a pas la force de provoquer, il écrit une lettre d'adieu à sa mère. Sans passeport, sans argent, il prend la voiture de Bar-le-Duc et se dirige vers la capitale.

Mais, dans la diligence, les désirs

de Jacquot se réveillent avec impétuosité ; la femme qui produit sur notre héros cette soudaine commotion est Mme C..., jolie brune aux yeux noirs, riant en secret du trouble du jeune séminariste.

La conversation s'engage : on parvient à faire raconter à Jacquot son histoire ; les rires, les joyeux propos ne manquent pas d'ébranler son étrange résolution. Au moment où il avoue qu'il est décidé à aller finir ses jours à la Trappe, un des voyageurs lui dit : — « Mon enfant, il faut d'abord apprendre la vie avant de se décider à gagner le ciel. »

La personne qui venait de l'interpeller était le mari de Mme C..., peintre célèbre, revenant d'Allemagne avec sa charmante épouse.

La conversation est interrompue, entre Nancy et Bar-le-Duc, par un brigadier de gendarmerie qui fait arrêter la diligence. Ce représentant de la loi demande l'exhibition des passeports. M. C....., au trouble de Jacquot, devine sa fausse position. En homme de tact, il déclare au baudrier jaune que ce jeune homme est le précepteur de ses enfants.

Cette déclaration sauve notre séminariste d'un retour fort désagréable dans sa famille.

Le service que lui rend cet éminent artiste le force à être reconnaissant. Jacquot est encore trop pur dans ses affections, trop généreux dans ses sentiments, pour croire que la gratitude envers le mari d'une jolie femme est la *première étape du sentier glissant de l'adultère.*

Dans la capitale des arts, ses goûts littéraires se développent. Il entrevoit le brumeux horizon de sa gloire : il laisse éclore aussitôt ses premières élucubrations.

Mais aussi inexpérimenté en matière de littérature qu'en matière de sentiment, il s'imagine que la boîte d'une feuille publique est la boîte aux lettres de la postérité ; il envoie à dix journaux dix œuvres différentes. Elles n'en sortent que pour flamber à leurs foyers.

— Nous ne savons s'il existe toujours dans ce bas monde des inconnus assez abandonnés des hommes de lettres et de la presse pour se laisser prendre à l'hameçon des manuscrits envoyés *franco* aux journaux.

En 1833, ces inconnus pullulaient; les manuscrits non rendus et *brûlés* étaient alors si nombreux, qu'ils augmentaient considérablement et sans frais le combustible des bureaux de messieurs les journalistes.

Jacquot usa à cet exercice littéraire toutes ses ressources. Découragé, sinon désabusé, il part pour Cherbourg, où l'attend une place de précepteur. Son hôte, M. L......, puissant armateur, lui présente sa nièce, Mlle Colombe, jeune, riche et belle.

Jacquot en devient éperdûment amoureux.

M. L..... dépiste l'intrigue de son précepteur ; mais, en homme adroit, il comprend que devant deux cœurs passionnés, il faut s'entourer de précautions machiavéliques. A l'offre de Jacquot d'épouser la jolie Colombe, il oppose qu'il ira d'abord passer trois ans à Paris pour y faire son droit, et que s'il est heureux dans ses examens, il obtiendra la main de celle qu'il aime.

Notre armateur était un fin diplomate ; il connaissait à fond le cœur des femmes. Ce n'était ni un bourgeois vulgaire, ni un marin sans boussole. Il avait doublé le cap des passions éternelles et savait fort bien qu'elles n'existent qu'au pays des chimères !

La littérature avait inscrit alors cette épigraphe à la tête du roman de toutes les femmes : *une chaumière et son cœur !* M. L.... parvint à convertir sa jeune nièce à son prosaïsme.

L'année suivante, la charmante enfant, oublieuse de ses serments, donnait sa main, son cœur et sa fortune à un époux assez riche, selon M. L..., pour faire son bonheur.

Que d'autres essaient de peindre le désespoir de Jacquot. Constatons seulement que, dès ce jour, amour et argent lui manquent à la fois. Il cherche des consolations dans l'étude, il essaie encore de la vie littéraire. Plus heureux cette fois dans son second stage de lettré, il voit ses articles acceptés, mais..... non payés.

Il se fût miré longtemps dans le cristal de sa prose juvénile; longtemps il eût respiré avec amour le parfum des fleurs fraîches écloses de sa rhétorique, si, par malheur, la profondeur béante de sa bourse ne l'eût arraché à cette décevante volupté.

C'est en 1838. Jacquot a vingt-trois ans ; il pense qu'il est temps de conquérir une position. Pour cela il quitte Paris, se retire à Chartres, se marie et achète un pensionnat.

Il reçoit de sa famille une somme de 3,333 écus 33 centimes, avec laquelle il paie l'établissement.

Mais, peu soucieux d'inculquer à ses marmots les règles de la grammaire, les principes élémentaires de toutes les sciences humaines, il fait venir des professeurs de Paris, s'enferme dans sa bibliothèque, et dévore tous les romans de l'époque.

Victor Hugo devient son Mécène, son oracle, son fétiche, son dieu.

De Chartres, il assiste au tournoi littéraire provoqué par les romantiques et les classiques, qui va se terminer par le prosaïque avénement du roman-feuilleton !

Alors vous le voyez placer le buste

de Victor Hugo dans sa classe de rhétorique ; vous l'entendez faire crier hurrah à ses élèves sur tous les poëtes cacochymes de l'école Viennet.

Il ne veut plus que ses professeurs apprennent à bégayer à ses gamins les froids et comparses alexandrins des Collardeau et des Raynouard ; à tous il ordonne de prêter serment à l'adoration perpétuelle de la *Fantaisie*, à l'aurore de la nouvelle littérature !

Il était tout juste temps : la déesse méconnue se levait enfin. Élèves, professeurs, chiens de cour, marmitons, tous jurèrent, à l'envi, ce qui passa par la tête du jeune instituteur *hugolâtre*.

Malheureusement, les parents n'étaient pas mûrs pour cette révolution radicale.

Le *sauve-qui-peut* devint général.

Ce fut à qui sauverait l'espoir de sa race des griffes de cet affreux *Méphistophélès* romantique.

Jacquot vend son institution, retourne à Paris, et pour la troisième fois s'en va mendier les faveurs de la muse nouvelle.

A cette époque il fait paraître *Sortie d'un rêve*, œuvre folle, élucubration décousue, bien digne pendant de sa jeunesse ! Puis, il change de nom ; il a parfaitement compris que jamais le Pégase ailé de la place Royale ne consentira à prendre en croupe un *singe* ou un *perroquet*.

Cependant son livre ne se vend pas !... Il essaie encore de recourir à la munificence de sa famille. Sa respectable mère lui écrit une lettre mouillée de ses larmes, contenant une malédiction en bonne forme, mais veuve de *banck-notes*. Une pareille épître, on le pense, n'allégea pas sa position.

Tourmenté par l'insatiable ambition de produire, avide d'une renommée non satisfaite, il retourne à Nancy. En collaboration avec un nommé Leloup, ami de Martinet du *Siècle*, il y fonde un journal. La nouvelle feuille se nomme *la Lorraine*.

Leloup associé à *Jacquot* !...

Certes, voilà deux noms bien faits pour s'entendre, mais peu propres à caresser les instincts littéraires des anciens sujets du roi *Stanislas*. Leloup imite la prudence de son ami Jacquot. Cependant, moins prétentieux, il se contente de transformer son nom de quadrupède carnassier en celui d'insecte parasite. Au lieu de *Leloup*, il s'appellera désormais *Lepoul*. La Lorraine, sous les auspices de ces deux pilotes, vogue à pleine voile vers le succès.

Leloup profite de la réputation qu'obtient son journal pour se marier.

Jacquot, fidèle à son humeur vagabonde, abandonne son collaborateur à sa bonne fortune conjugale ; il retourne à Paris, pour la quatrième fois, essayer de cette vie littéraire qu'il n'a cessé de rêver. Leloup apprend le départ de son collaborateur trop tard pour qu'il lui soit possible de le retenir. Sans rancune, il s'en console et reproduit les premiers romans-feuilletons de son fugitif.

André le Montagnard, dans *le Globe*; *Mon oncle le chanoine*, dans *le Commerce*; *le Sire de Molènes* dans *la Patrie*, placent Mirecourt à l'avant-garde de l'état-major littéraire des journaux. Désormais son rêve est réalisé ; il peut aller s'asseoir à toutes les tables vertes des bureaux de rédaction. Sous sa nouvelle transfiguration, il n'est plus le premier venu dans la plèbe des gens de lettres. Devant son nom s'ouvrent tous les cabinets des rédacteurs en chef. Jacquot s'est noyé dans le Rubicon olympien ; Mirecourt paraît à l'autre rive sous les personnalités romancières d'*André le Montagnard*, de *Mon oncle le chanoine*, etc., etc.

Nous dirons bientôt quel fut l'auteur de cette transformation soudaine ; nous révélerons au public la *Providence* faite homme et éditeur qui préconisa le talent de Jacquot-Mirecourt.

Pourtant notre héros, qui cherchait à envahir d'un seul bond une place importante dans la presse, gênait déjà les allures des aristarques du roman-feuilleton. Sa réputation était-elle déjà à la hauteur de ses œuvres? — Franchement, nous ne le pensons pas.

On sent, dans ses premières publications, qu'il sacrifie tout à l'engouement de l'époque ; la spéculation est son guide. Mais sa plume rétive ne peut suivre d'une haleine les mailles infinies de son réseau dramatique; bien souvent elle s'y perd, elle s'y attache, elle s'y brise ; alors, adieu l'intérêt du roman! il s'échappe de son plan sans horizon!

Mirecourt se rattrape cependant sur la corde roide de la littérature bourgeoise ; mais il lui faut pour cela retourner à son esprit mordant, à sa verve coquette, à ses manières et à sa grâce félines.

En satisfaisant l'appétit du gros public, gagnait-il de l'argent ? — Était-il devenu riche à ce métier de cuisinier de lettres ? — C'est ce que nous allons essayer de voir en jetant un regard poli dans sa vie privée d'écrivain.

A cette époque, il avait laissé s'envoler les naïves et saintes croyances qu'il avait rapportées du foyer maternel. La vie de bohême, déteignant sur elles, les effaçait une à une.

Le Mécène occulte, le dispensateur discret de sa renommée, le placeur mystérieux de ses œuvres, Gabriel Roux enfin, récoltait seul la fine fleur de son froment, le plus pur bénéfice de son regain littéraire.

Mirecourt, pour *être* et *paraître*, avait besoin de recourir à des emprunts ruineux, tout à fait en désaccord avec ses principes de morale, de religion, et même d'*honneur*, dans le sens bourgeois que les esprits vulgaires attachent à ce mot.

Il habitait alors rue des Martyrs, nº 15. La sonnette tintait du matin au soir sous les mains impatientes et fiévreuses des nombreux créanciers qui assiégeaient sa porte. Gabriel Roux n'a pas l'âme tendre à l'endroit des avances de manuscrit : ce *faiseur* d'hommes de lettres déposerait vingt fois son bilan plutôt que de prêter *vingt francs* à *son* auteur, plutôt que d'avouer ainsi qu'il s'enrichit de sa pauvreté !

D'un autre côté, Mirecourt n'a plus l'espoir de recourir à la prodigalité maternelle. Une malédiction, nettement formulée, lui a coupé ce dernier retranchement. Sa position devient de plus en plus critique : à mesure que le diable descend dans sa bourse, l'insolence de ses créanciers s'élève à un diapason plus alarmant.

Notre homme n'est point patient ; la longanimité est son moindre défaut. Il prend donc une résolution extrême en face de l'impolitesse croissante de ses fournisseurs. Lorsque la *conduite* à la **Don Juan** ne paraît pas

du goût des nombreux petits fils de
M. Dimanche, Mirecourt fait passer
les plus impertinents dans un salon
où se trouve un tir au pistolet. C'est
là que notre chevaleresque écrivain
vient de temps à autre se délasser de
ses travaux et se *faire la main*.

Les créanciers arrivés dans le salon,
et ne voyant s'ouvrir aucun coffre-
fort, criaient, tempêtaient de plus
belle. Alors Mirecourt, avec un sang-
froid plein d'ironie, prenait un pistolet, se plaçait en face des créanciers
les plus insolemment coiffés de leur
chapeau. — « Monsieur..... Monsieur,
balbutiaient ses fournisseurs trem-
blants, voulez-vous donc nous assas-
siner ? Est-ce ainsi qu'on paie ses

déttes ? — Dieu m'en préserve, reprenait Mirecourt, en dirigeant son coup de pistolet vers la plaque de la cible ; je veux vous prouver seulement que je sais mettre à la raison les insolents et les malotrus. »

Alors, comme par enchantement, les plus farouches créanciers se découvraient devant la balle enchantée qui était venue se loger dans le point noir ; et Mirecourt, en homme bien appris, les reconduisait avec tous les honneurs dus à des fournisseurs *honnêtes et modérés*.

Il appelait cette satisfaction, *politesse à la cible!*

Mais déjà on cherchait à le débusquer de la position qu'il s'était faite, ou plutôt que Gabriel Roux lui avait faite au rez-de-chaussée des journaux.

Les satellites de la sublime lumière Alexandre Dumas grossissaient de partout le foyer incandescent de ce grand météore du Feuilleton.

Mirecourt, après avoir été reçu un peu partout, se voit partout aussi repoussé en présence des grandes entrées qu'on n'accorde plus qu'à Alexandre Dumas. Chaque rédacteur en chef lui répond, comme le *chat botté* du marquis de Carabas : « Tout ce vaste domaine appartient désormais au marquis de..... La Pailleterie! »

En effet, ce dernier publie dans *le Globe*, les *Médicis*; dans *le Commerce*, la *Fille du Régent*; dans *la Patrie*, la *Guerre des Femmes*; et on jette à la face de Jacquot, que, s'il veut encore se faire imprimer, il doit sacrifier au nouveau Saturne de la littérature. Paul Meurice, Maquet, Couailhac, ne sont-ils pas dévorés chaque matin par l'*Ogre* du feuilleton? Mirecourt ne se sent pas d'humeur à satisfaire le vorace appétit d'Alexandre Dumas. La fureur s'empare de lui, en apprenant que les journaux ne veulent plus recevoir, et surtout payer, ses nouveaux romans; il se rend à la Société des gens de lettres un jour de séance; et, si le souvenir ne nous trompe pas, voici les paroles qu'il adresse aux membres du comité :

— « Devant M. A. Dumas seul, je salue, et je m'en vais ; mais devant M. Maquet signé A. Dumas, je me couvre et je reste. »

Cet épisode remonte à 1844.

Maquet, cela va sans dire, prend le parti de son collaborateur. Quelque temps avant l'assemblée générale, A. Dumas est averti que Mirecourt y doit faire une motion. Les membres de la Société qui ne sont pas du comité l'encouragent dans sa résolution. Un seul le retient, et, plus sage, lui prêche la modération et la peur. C'est Marc Fournier, aujourd'hui directeur de la Porte-Saint-Martin.

Mirecourt persiste néanmoins dans son idée. Le jour de l'assemblée générale arrive, et au moment où il va monter à la tribune pour faire sa terrible motion, tous les membres se lèvent comme un seul homme, et, d'une voix formidable qui semble partir d'un gosier de Titan, ils crient à Jacquot : *Taisez-vous !*

Notre héros, si exagéré, si excentrique dans ses sentiments, atteint bientôt au paroxysme de la colère. Abandonné de ceux-là mêmes qui l'ont le plus encouragé dans sa folle entreprise, il crie, et bien fort, que c'est une infamie, une lâcheté !

Son ami Marc Fournier parvient enfin à l'emmener. Rentré chez lui, toujours en proie à son agitation fiévreuse, le calme même du foyer domestique est impuissant à le rappeler à la modération.

Jusque-là, il n'a obéi qu'à l'impérieuse nécessité. Lésé dans ses intérêts d'homme de lettres, il sent maintenant combien est légitime son indignation contre les accaparements d'Alexandre Dumas. Ses confrères l'ont lâchement abandonné dans sa croisade littéraire. Eh bien, il se passera d'eux. Il croit avoir le droit de venger des ilotes, des esclaves qui n'osent rien tenter pour leur délivrance, qui n'osent même pas protester contre leur asservissement?

Mais ce droit l'a-t-il réellement?

Le scandale qu'il s'obstine à provoquer n'est pour lui qu'un moyen de faire du bruit, qu'un prétexte pour forcer le public à ne pas oublier son nom. Alors germe dans son cerveau la première idée de sa fameuse brochure : *Fabrique de romans, maison Alexandre Dumas et Cie.* Sans argent, il trouve le moyen de se procurer un billet de 500 fr. Il court chez un imprimeur aventureux, et, sans autre préambule : « Voulez-vous ou ne voulez-vous pas imprimer? lui demande-t-il. — Je veux, lui répond ce Fernand Cortès de la typographie. Il y a bien un procès au bout de tout cela, mais n'importe; c'est un succès : j'imprime. »

L'esprit plus tranquille, ayant payé les frais de sa brochure, Mirecourt rentre chez lui. Pendant quatre jours il se lève à trois heures du matin, et travaille jusqu'à midi. A midi, il va aux renseignements jusqu'à quatre heures, puis il rentre chez lui pour travailler jusqu'à une heure très-avancée de la nuit.

Son pamphlet est fini. Mais ici surgit une autre difficulté : personne ne veut se charger de le vendre ; chacun a peur. Mirecourt prend alors trois cents exemplaires, les met sous bande, et les adresse lui-même à toute la population littéraire et artistique de Paris.

Le coup frappe juste.

Le soir, aux foyers des théâtres, il n'est question que de cette brochure.

On se bat pour l'avoir. Un exemplaire parvient aux bureaux du *National*, dont M. Armand Marrast est le rédacteur en chef. Duclerc, depuis ministre, Duras et Mallefille, qui y collaborent, se trouvent en ce moment dans les bureaux. Le pamphlet est parcouru par tous avec une extrême curiosité. Le cénacle littéraire de la presse libérale s'écrie d'une voix unanime : « Enfin, voilà la vérité ! »

On parle déjà d'en prendre des extraits, d'en reproduire les passages les plus saillants dans *le National*. Malheureusement, arrivés à la 39e page, ils lisent ces lignes virulentes :

« Enfin, c'est votre tour, MM. *Mal-*
« *lefille, Paul Meurice, Hippolyte Au-*

« *gier*, *Auguste Maquet*, *Fiorentino* ;
« *Couailhac*, vous, les principaux
« fabricants, vous, les premiers de
« cette manufacture, vous qui ne rou-
« gissez pas de vous faire les complices
« de ce brocanteur de phrases, et de
« lui vendre votre esprit et votre
« âme! etc., etc. »

Le nom de Mallefille y figure, comme on le voit, en toutes lettres.

A un enthousiasme universel succède dans le cénacle du *National* une stupéfaction unanime.

On dépêche immédiatement chez Mirecourt, Duclerc et Duras. Ils expliquent le but de leur visite, et terminent en priant l'auteur de la brochure d'effacer le nom de Mallefille. « Messieurs, demande Mirecourt, M. Malléfille est-il l'auteur de *Georges* ? — Oui, répondent-ils ; mais nous ne pouvons placer la question sur ce terrain. — Eh bien, réplique Mirecourt, c'est juste le terrain sur lequel je l'ai placée. Si j'accédais aujourd'hui à votre réclamation, il n'y aurait plus de raison pour que chacune des personnes désignées dans ma brochure ne vînt me demander la même rectification. A mon grand regret, Messieurs, je suis obligé de vous répondre que la chose est impossible. »

La discussion se trouvant close de ce côté, ces messieurs demandent, au nom de Malléfille, une réparation par les armes. Mirecourt désigne pour ses témoins : MM. Balathier et Eugène Nyon ; l'un journaliste, l'autre vaudevilliste. Duclerc et Duras deviennent naturellement les seconds de Malletille.

Le soir même, les témoins se réunissent au divan de l'Opéra, règlent les armes, l'heure et les conditions du combat. Rendez-vous est pris au bois de Saint-Maur.

Ils sont fort surpris de l'attention que prêtent certains individus à leur entretien ; ce n'est pas sans une certaine crainte qu'ils voient ces personnages les accompagner en sortant du café, et ne les quitter qu'à leur domicile.

Mirecourt ne connaît que le pistolet; Mallefille, au contraire, est de première force à l'épée. Comme offensé, il demande cette dernière arme. Mirecourt compte sur une blessure, et, pour écarter les caractères dangereux qu'elle peut offrir si elle est faite au moment de la digestion, il va sur le terrain à jeun. Outre ses témoins, il est accompagné de Gabriel Roux, son éditeur, et de Molé-Gentilhomme.

On est en plein hiver; le bois de Vincennes est couvert de neige. Les combattants se mettent en garde. A peine ont-ils croisé le fer, qu'une vingtaine d'individus débusquant de tous côtés entourent les champions et les séparent.

Duclerc se tourne avec beaucoup d'énergie et de sang-froid vers celui qui paraît être le chef de la bande : « Qui êtes-vous? lui demande-t-il. » Il ne reçoit que cette réponse : « J'ai ordre de vous empêcher de vous battre. — Mais enfin, qui êtes-vous? reprend Duclerc. — Vassal, commissaire de police. — Eh bien, monsieur le commissaire, je demande que vous mettiez votre écharpe. »

Celui-ci exhibe, en effet, les insignes de sa dignité; duellistes et témoins sont conduits à la Préfecture de police.

Soit que la fumée de leurs cigares exerce son influence sur les prisonniers, soit que l'estomac de Jacquot se trouve à bout d'émotions, ce qu'il y a de certain, c'est que notre héros finit par s'évanouir.

A six heures du soir, un chef de bureau les fait appeler, et leur dit: « Messieurs, nous avons les yeux sur vous : la brochure de M. de Mirecourt a mis en éveil la Préfecture de police; ne vous battez donc pas, car partout où vous irez, nous vous retrouverons. »

Devant cette difficulté, on propose un voyage en Belgique. Les besoins du journal retenant Duclerc et Duras à Paris, cet arrangement n'est pas accepté. Les témoins de Mirecourt déclarent qu'il ne rétractera rien ; mais qu'il consent à effacer, sur un des exemplaires, à la page 39, le nom de

Mallefille, à parapher la page, et à lui envoyer l'exemplaire.

Le soir même, Mallefille rend visite à Mirecourt, et les deux rivaux deviennent les meilleurs amis du monde.

Passons maintenant à un autre duel!

Pendant les événements que nous venons de raconter, Alexandre Dumas organise son procès. La loi sur la diffamation fait condamner Jacquot à quinze jours de prison, sans amende et sans saisie de la brochure.

Très-certainement, la remise de la peine lui sera faite, s'il le veut, sur une simple demande; mais, trouvant dans son abstention le moyen de recommencer la lutte et d'augmenter le scandale à son profit, il se constitue prisonnier.

C'est alors qu'il insère dans le journal *la Silhouette* les articles intitulés : *Mes Prisons*.

Dès leur apparition, un jeune homme arrive au bureau du journal. Armé d'une cravache, il fait voler sur les tables, journaux et manuscrits; il demande, en jurant, l'adresse de Mirecourt. Cet *enfant terrible*, c'est M. Alexandre Dumas fils.

Les rédacteurs de *la Silhouette*, tout en priant le nouveau venu d'être poli, s'empressent de lui remettre la carte de l'auteur de *Mes Prisons*.

Le lendemain de cette incartade de M. Alexandre Dumas fils, deux hommes de haute stature, la moustache en croc, aux allures soldatesques, se présentent chez Mirecourt.

— Qui ai-je l'honneur de recevoir? leur demande-t-il.

Sans répondre, les inconnus lui posent cette question : « Monsieur, êtes-vous l'auteur des articles publiés par *la Silhouette?* » — Il n'a garde de le nier.

« Eh bien, Monsieur, nous venons vous demander raison de la part de M. Alexandre Dumas. — Je suis à ses ordres, ajoute Jacquot. — Mais nous devons vous prévenir que c'est de la *part du fils et non du père.* — Oh! alors, c'est bien différent! »

Jacquot sonne, et dit à sa domestique : « Amenez-moi mon fils. »

La bonne reparaît avec un petit garçon, de quatre ou cinq ans, tout barbouillé de confitures.

Mirecourt regarde ses visiteurs très-sérieusement et leur dit : « Messieurs, je suis convaincu que mon fils tient autant à mon honneur que le fils de M. Alexandre Dumas à celui de son père. Comme il est indispensable que les rôles soient les mêmes, c'est à lui que vous devez demander raison. »

Les futurs témoins, qui s'étaient déjà assis, se lèvent en s'écriant que c'est une mauvaise plaisanterie.

« Oui, c'en est une, leur dit-il, en se levant à son tour, mais elle n'est faite que pour vous montrer le côté ridicule de votre démarche. M. Alexandre Dumas père est très-valide, c'est lui que j'ai attaqué; qu'il me demande raison! je n'ai rien à faire avec son fils. Que dirait-on si j'avais le malheur de le tuer ou de le blesser? On dirait, n'est-ce pas? que le diffamateur a assassiné le fils du diffamé. Voici ce que je vous propose : si M. Alexandre Dumas autorise son fils à se battre à sa place, je me bats demain, et je suis à vos ordres. »

Les témoins, quoique visiblement contrariés, approuvent, s'en vont et ne reviennent plus!

A la suite de ces scandales, Mirecourt escompte avec usure le bruit qui en résulte pour sa popularité;

Gabriel Roux est assez satisfait de son auteur favori ; il réalise de sérieux bénéfices sur le retentissement de sa réputation nouvelle ; il fait suer son intelligence dans un labeur de tous les instants.

Mirecourt produit d'une haleine : *la Famille d'Arthenay*, *le Lieutenant de la Minerve*, et *Madame de Tencin* ; il fait cette dernière œuvre en collaboration avec Marc Fournier, et tire de ce roman un drame en cinq actes, qui est joué avec succès à la Comédie-Française.

Mais les grands journaux restent fidèles à la rancune qu'Alexandre Dumas nourrit contre Mirecourt ; *l'Estafette*, au grand déplaisir de Gabriel Roux, est à peu près le seul organe de son romancier.

Dans ses dernières œuvres, nous retrouvons la même absence d'intérêt et les mêmes qualités d'esprit.

Il pèche toujours du côté de l'invention ; il a du *brio* dans la phrase, de l'imprévu dans le mot ; c'est un écrivain coquet, au style hardi et chatoyant ; ce n'est pas un charpentier habile ; il ne fait jouer que difficilement les tiroirs d'une œuvre à compartiments, largement préconçue.

Ce manque de contexture dans ses écrits lui a nui davantage que son premier pamphlet contre A. Dumas.

Un mot encore sur l'éditeur de Mirecourt.

Gabriel Roux n'est pas seulement le conducteur de l'ardente locomotive des écrivains de deuxième classe, il en est encore le chauffeur ; au besoin, il fournit jusqu'au combustible de la machine. Devinant alors que les engrenages de sa locomotive vont s'enrayer sur le terrain où il l'a lui-même engagée, il change tout à coup d'itinéraire ; il conseille à Mirecourt d'écrire des mémoires, des pamphlets rétrospectifs, de devenir le chroniqueur des époques galantes de notre histoire.

C'était, on le voit, prendre l'écrivain par le côté le plus vrai, le plus poétique de son talent ; mais Gabriel Roux ne voit, lui, dans cette commande que des romans égrillards, des plats de sa façon, assaisonnés au gros sel, et qui doivent, avant tout, plaire à des palais déjà gâtés par sa littérature *Clémence Robert.*

Mirecourt tourne les difficultés que chasse devant lui l'esprit vulgaire de son éditeur damné ; il écrit huit volumes sous le titre : *Les Confessions de Marion Delorme.*

L'éditeur attendait un roman d'alcôve : son auteur, en huit mois, lui fournit une critique décente du XIIIe siècle. Pour arriver à faire un volume par mois, il a travaillé sans relâche. Levé à quatre heures du matin, il suspend son travail à midi, court aux bibliothèques, et rentre chez lui pour travailler encore, jusqu'au jour où il tombe malade de fatigue et d'épuisement.

Sur ces entrefaites, arrive la révolution de Février; elle porte un coup terrible à la littérature; la politique chasse bien loin devant elle le feuilleton; Mirecourt et son libraire sont sur les dents! Le temps n'est plus aux mémoires; la pauvre *Marion Delorme* a été enfantée trop tard.

Gabriel Roux, en soupirant, met en portefeuille la courtisane célèbre. Cependant, pour que son auteur ne *perde pas la main*, il lui commande un sujet de circonstance : *Mazaniello*.

Ce roman en deux volumes ne manque pas d'une certaine homogénéité avec la prose à la Marat des divers organes de la naissante République.

Mais Gabriel Roux n'est pas homme à laisser gémir longtemps dans ses cartons un roman fini et surtout payé : *Marion Delorme*, qui, de son vivant, a été si prodigue de ses faveurs, peut bien après sa mort être infidèle à ses biographes.

L'infatigable éditeur va trouver Mirecourt et lui dit : « Cher, je ne puis placer *notre Marion* ; il ne faudrait pas livrer imprudemment votre nom à vos ennemis ; ils le connaîtront bien assez tôt ! »

L'adroit spéculateur, soit dit en passant, obtenait tout avec ce mot d'*ennemi*, mot gros de réticences perfides,

car, pour lui et Mirecourt, il signifiait
A. Dumas et sa nombreuse cohorte.
Notre écrivain consent donc à ne pas
se nommer d'abord.

Gabriel Roux va trouver Anténor
Joly et lui présente le manuscrit. Il le
lit, et le trouve charmant, mais il
ajoute qu'il faudrait une préface de
Méry. L'improvisateur marseillais consent à la faire; et Mirecourt à la
laisser figurer en tête de son œuvre.
Le journal *l'Ordre*, dirigé par Cham-
bolle, accepte le livre. On le publie
après en avoir arrangé le titre de ma-
nière à laisser croire que l'ouvrage
est de Méry.

La publication par feuilletons tou-
che presque à sa fin. Mirecourt voit

avec peine qu'on néglige de mettre son nom, malgré la réserve expresse qu'il a faite de signer. La chose lui semble leste. Il va se plaindre aux bureaux de *l'Ordre*; on le paie en belles promesses. Néanmoins, la publication n'en poursuit pas moins son cours. On arrive à la fin du dernier volume. Jacquot, avec sa véhémence habituelle, s'empare du manuscrit et refuse de livrer la suite. On se décide alors à lui donner satisfaction, et désormais chaque feuilleton porte sa signature.

Nous ne pouvons laisser passer sous silence l'initiative que prit le troubadour phocéen dans cette affaire. Mirecourt était allé le trouver, et lui avait exposé ses exigences : — « Mais, certainement, vous devez signer, vous signerez, s'écria Méry. J'ai lu le livre, c'est un beau tableau. Je veux bien lui servir de clou, mais à la condition qu'il portera votre signature. »

Méry nous mène directement à l'*Histoire des Contemporains*.

On avait commandé à Mirecourt une biographie qui devait figurer en tête des œuvres de l'illustre poëte. Il s'empresse de la faire, et de la porter à Gabriel Roux.

— « Comme j'ai passé quinze jours à la rédiger, lui dit-il, c'est 500 fr. que vous me devez. » — L'éditeur se récrie, il trouve les conditions trop onéreuses.

— « Nous faisons assez d'affaires ensemble, lui répondit-il, pour que ce travail me soit donné par-dessus nos marchés ; vous devez certainement me faire ce cadeau. »

— « Non, dit Mirecourt ; j'emporte ma biographie, et je la publierai. — Très-bien, dit Gabriel Roux, je la reproduirai. »

Sur ces entrefaites, paraissent les *Mémoires d'Alexandre Dumas*. L'habile romancier jette une même pierre à Granier, né au village de Cassagnac, et à Jacquot, né à Mirecourt. Ce dernier redoute une nouvelle lutte. Il veut écarter à tout prix ce papier timbré sur le dos raboteux duquel il est impossible de griffonner le moindre trait d'esprit. N'ayant pas de journal à lui, il annonce ses biographies, quelques-unes du moins, pour faire pressentir à A. Dumas de quelle arme il se servira pour lui répondre.

A l'instant il reçoit la visite de Gabriel Roux.

— « Bonne affaire ! s'écrie l'éditeur affriandé en lui tendant les deux mains, bonne affaire ! » Sa face de... grenouille s'épanouit à vue d'œil; il rejette, selon son habitude, lorsqu'il est satisfait, ses longs cheveux en arrière ; dans son ivresse, il danserait presque la *sarabande* sans se faire prier.

— « Que voulez-vous dire avec votre bonne affaire ? » réplique Mirecourt, ébahi de la joie de ce *monsieur Jovial* de la librairie.

— «Eh bien ! je veux parler de vos biographies ; seulement au lieu d'en publier quelques-unes, je les publierai toutes ; car vous êtes là, mon cher, sur votre véritable terrain. Il n'est pas permis à un habile mineur, qui trouve un filon précieux, de s'arrêter sur sa route pavée d'or. Soyons de compte à demi dans cette affaire, et je vous paie, séance tenante, la biographie de notre ami Méry ; mais, au nom du ciel, ne vous arrêtez pas en si bonne voie….piochez ferme. »

Et Roux avance, avec plus d'élan cette fois, le billet de cinq cents francs dû pour la biographie du troubadour phocéen.

— « Soit, répond Jacquot. Je consens à entreprendre cette œuvre : mais je déclare, avant tout, que je dirai la vérité, sauf à en subir les conséquences. »

— « Bien entendu, » reprend notre éditeur, qui compte précisément sur le caractère acrimonieux de son homme de lettres pour battre monnaie et ajouter une tourelle et deux fermes à son château d'Auvergne.

Huit jours après, les *Contemporains* paraissent, ayant Méry pour chef de file.

Ils ne paraissent pas chez Gabriel Roux, qui prudemment ne veut être que le bailleur de fonds de l'entreprise, mais chez Sartorius, honnête Allemand, réfléchi en affaires comme la plupart de ses compatriotes. Le calme du Saxon ne pouvait longtemps convenir à la pétulante activité de Mirecourt. Aussi nul n'a été surpris de voir le tourbillonnant chroniqueur de nos illustres courtisanes enlever tout à coup ses biographies à son premier éditeur pour les porter au libraire Havard, dont il se promet merveilles.

Une anecdote en passant.

M. Lambert, avoué de Nancy, se trouvait dans les premiers jours de janvier 1848 chez Mirecourt, qui habitait alors une petite maison aux Thernes. — C'était un partisan fanatique des croyances magnétiques. Depuis longtemps il tourmentait son hôte pour le décider à assister à une séance. Il avait, disait-il, découvert une somnambule d'une admirable lucidité.

A bout de prétextes et de refus, notre romancier cède. Il est mis en *communication* avec le sujet magnétique. C'était dans la rue Rambuteau, près de la Halle.

Interrogée par Mirecourt, la somnambule lui prédit des succès sans nombre en littérature. Elle pousse l'adulation au point que l'encens qu'elle lui lance au nez à trop fortes doses finit par lui soulever le cœur.

— « Assez, assez, s'écrie-t-il, parlons

d'autre chose ; parlons politique ! Que pensez-vous des affaires ?.... — Ça va mal, ça va, très-mal, répond le sujet. Une révolution terrible se prépare : avant six semaines on se battra dans les rues de Paris. La République sera proclamée. » Puis, s'interrompant tout à coup : « Connaissez-vous le prince Louis-Napoléon ? demande-t-elle à Mirecourt... —Pas le moins du monde. — Tant pis, car il faut que je lui parle sans retard ; il est destiné à jouer un grand rôle dans les événements qui se préparent. La République ne vivra pas ; il sera proclamé empereur. »

Le lendemain, plusieurs personnes dînaient chez Mirecourt. C'était l'avoué Lambert ; Verteuil, secrétaire de la

Comédie-Française et sa femme; Marc Fournier et la sienne; Souverain et Gabriel Roux, les éditeurs du maître de la maison.

On parle magnétisme, et l'histoire de la veille est remise sur le tapis. Ces messieurs, au moins en partie, ont toujours de l'esprit, beaucoup d'esprit, surtout après dîner, au dessert. Lambert tourné, retourné, plaisanté sur tous les tons, leur dit très-sérieusement : « Eh bien! messieurs, je parie que tout ce que cette femme a prédit arrivera! »

Six semaines après, jour pour jour, surviennent les événements de Février. — Plus tard ceux de Décembre.

En criant : Vive la République! en

écrivant même des hymnes à la liberté, aucun des convives n'a osé, que nous sachions, confier au vélin cette étrange prophétie.

Mirecourt, depuis le succès prodigieux de ses *Contemporains*, rêve jour et nuit, comme Voltaire, comme tous les grands écrivains des XVIIIe et XIXe siècles, la publication de ses œuvres complètes. — « Il y aura là, dit-il à qui veut l'entendre, de quoi enrichir vingt libraires. »

En attendant, à l'en croire, le monde littéraire le supplie à mains jointes de publier un admirable volume de poésies qu'il a en portefeuille.

Ses *Contemporains* ne seraient, d'après lui, que la préface d'une grande histoire de la littérature au XIXe siècle.

Enfin, on s'entretient de la prochaine apparition du grand journal quotidien, dont il va avoir la rédaction en chef et qui s'appellera : *Le Contemporain.*

L'entreprenant Boulé, de *l'Estafette*, en serait le directeur.

Plusieurs centaines de mille francs auraient déjà été souscrites.

Mais il ne faut pas confondre *souscrire* et *verser*.

Malgré la foi robuste de Mirecourt en son futur journal, les capitaux ne se hâtent pas d'affluer.

L'apparition de la feuille excentrique est remise de jour en jour, de mois en mois.

Mirecourt, lui, ne s'est pas senti dans l'intervalle une seconde de défaillance. Écoutez-le ! Il doit arriver, il arrivera, c'est écrit là-haut.

Dans ses pérégrinations rapides à travers la capitale, il fait souvent la rencontre d'un de nos premiers artistes, Apelle ou Phidias, n'importe ! mais à coup sûr le plus distrait, le plus original des artistes qu'elle renferme.

« Bonjour, un tel, lui crie chaque fois Mirecourt, comment vous portez-vous? — Parfaitement. Et vous aussi, n'est-ce pas ? A propos, comment vous appelez-vous ? — Mirecourt. — C'est juste; j'avais toujours pensé que vous aviez un habit bleu à boutons de métal jaune. »

Même observation à chaque nouvelle rencontre.

Est-ce distraction, originalité ou parti pris ?

Mirecourt s'y perd.

À tout hasard, il s'est décidé à éviter l'artiste *terrible* et à ne plus le saluer.

C'est qu'après tout, plaisanterie à part, il y a un peu de tout cela dans la muse de notre héros :

Une chlamyde bleue ;

Des paillettes de cuivre doré.

Il habite en ce moment une maison de la rue des Marais-Saint-Martin ; son logement est au quatrième. C'est là qu'au sein d'une petite famille qu'il affectionne, le chroniqueur a établi sa manufacture de bonnes lames de Tolède, son laboratoire de poisons.

Son cabinet est presque un atelier d'artiste, une espèce de musée. Les armes, les tableaux y sont jetés pêle-mêle, dans un désordre étudié, qui n'est pas sans charme.

Le maître du logis est un travailleur infatigable. Levé à quatre heures du matin, il étudie, il écrit jusqu'à midi, heure de son déjeuner; le plus beau moment de sa journée, car il se trouve entouré de ceux qu'il aime. Ayant amassé tant de haines sur sa tête, il jouit doublement du calme du foyer domestique. Il s'y retrempe sans cesse pour de nouvelles luttes.

De vingt à trente-cinq ans, il a été fort beau, dit-on ; aujourd'hui encore sa figure spirituelle et fine respire la noblesse et le courage. Vieilli, peut-être avant l'âge, par ses combats incessants contre le sort et surtout contre les hommes, il n'en a pas moins conservé la plus belle apparence de verdeur.

La chronique scandaleuse ne l'a pas épargné. Et pourtant toujours et partout il affiche hautement des sentiments de morale et de religion. A son insu le séminariste revient sans cesse sur l'eau : témoin les diatribes contre Voltaire dont il sème avec tant d'amour presque toutes les biographies.

On a prétendu, cependant, dans le monde des bavards, que miss Cécily, des Variétés, n'avait si bien su son rôle dans *les Tables tournantes*, que parce que Mirecourt, l'un des auteurs, ne lui avait pas ménagé les répétitions dans le calme du plus infranchissable tête-à-tête.

N'a-t-on pas soutenu encore qu'il s'était emparé du cœur d'une bouquetière du Palais-Royal, qui malheureusement l'oubliait sans cesse dans son étalage. Avouons en passant qu'elle était fort jolie et que, si notre héros avait quelques droits à son affection, il n'était peut-être pas le seul qui pût faire valoir les siens.

On a surtout fréquemment et longuement raconté que, prenant sans doute au sérieux sa particule de chrysocale, une délicieuse comtesse du plus noble des faubourgs n'avait pas su imposer silence à ses sentiments, et s'était trahie maintes fois par de compromettantes démonstrations.

Que n'a-t-on pas dit, bon Dieu ! Le monde est si méchant !...

Si, d'ailleurs, on veut à tout prix juger de la ressemblance avec l'original du portrait que nous offrons au public, qu'on aille le soir, à huit heures, au café Lemblin. On y surprendra le farouche chroniqueur jouant en simple mortel sa prosaïque partie de *domino* avec Verteuil, secrétaire de la Comédie-Française.

Malgré cette allure pacifique, nous persistons à croire que nous avons eu raison de dire, en commençant cette contre-biographie, que la fatalité avait placé un pamphlet dans le berceau de cet écrivain, et que l'espri de ce pamphlet se multipliait aujourd'hui, se fécondait, se dédoublait en innombrables petits in-32 !

Nous nous abstiendrons de longues réflexions au sujet des *Contemporains*; seulement, à la face de Mirecourt, nous dirons que le métier de biographe n'est ni le plus digne, ni le plus honorable de tous. Notre héros prétend le contraire : il imagine et créc, pour faire taire le cri de sa conscience, un biographe exempt de tout caprice, de toute jalousie, de toute passion !

En vérité, est-ce possible ? Existe-t-il un homme, un homme de lettres surtout, qui puisse se flatter de posséder toutes ces qualités réunies ? s'il les possédait ce ne serait pas un mortel, ce serait un ange. Or, rien ne ressemble moins à des anges que le personnel de l'espèce humaine en général, et celui du Parnasse de la cité Trévise en particulier (1).

Mirecourt se fait fort d'être indépendant dans ses esquisses contemporaines; c'est une prétention que nous lui dénions ; car l'idée des *Con-*

(1) Siége de la Société des Gens de Lettres.

temporains n'est-pas même la sienne; elle lui a été inculquée par l'esprit rapace et sordide de son *commis-voyageur*. C'est avant tout une pensée mercantile de librairie, dans laquelle notre chroniqueur n'est entré que pour *un tiers*.

Et voyez déjà quelles rancunes il accumule sur sa tête!

Les partisans de Lamennais ne trouvent pas d'épithète assez injurieuse pour ce profanateur d'une tombe à peine fermée.

Jules Janin se laisse aller à des imprécations de porte-faix en goguette.

Georges Sand s'indigne à juste titre de voir réduire sa statue d'écrivain sublime aux risibles proportions d'une poupée de grisette.

Emile de Girardin, qui, en vertu d'un jugement, a fait écrouer Mirecourt à Clichy, ordonné qu'on lui en ouvre les portes à la simple lecture d'une diatribe aigre-douce du pamphlétaire.

Et pourtant Girardin n'a peur de personne.

Mais, dans sa bonté inépuisable, il ne veut pas enlever un mari à sa femme, un père à ses enfants.

C'est bien.

*La maison Alexandre Dumas et C*ᵉ était l'exploitation littéraire d'un écrivain adolescent.

Les Contemporains sont l'exploitation littéraire d'un écrivain en pleine maturité.

Ces œuvres, publiées à dix années d'intervalle, pivotent sur le même fonds : le scandale !

On pardonnait au jeune homme le scandale de *la Maison Alexandre Dumas et C*ᵉ.; on ne pardonne plus à l'homme mûr le scandale des *Contemporains.*

Mirecourt prétend écrire sans passion ; allons donc ! c'est humainement impossible : il s'aveugle lui-même. Non-seulement il est l'écho de ses propres représailles, de ses propres intérêts, ce qui est synonyme dans le métier des lettres; mais il répète encore mot pour mot tous les langages de haine qui circulent au cénacle de la rue de Trévise.

Il prépare une biographie dans laquelle il n'aura pas assez de louanges, dit-on, pour son président, M. Francis Wey, cet amphibie des lettres, qui barbotte sur les atterrages de l'Institut, et se promène sur la grève de tous les journaux fantaisistes !

Dans une autre qui a vu le jour, il en prodigue davantage encore au baron Taylor, l'acquéreur de tableaux espagnols pour le compte du roi Louis-Philippe, le fondateur de toutes les loteries de bienfaisance artistique.

C'est un protecteur à soigner.

Nous ne relèverons pas le gant jeté à quelques-unes de nos plus grandes célébrités littéraires ; nous n'avons pas à examiner si Mirecourt a tort ou raison de s'attaquer à elles ; nous constaterons seulement que cet écrivain a besoin, par tempérament, par caractère, de voir poser devant lui des victimes de son adresse littéraire.

En visant à la tête, au cœur des personnalités illustres, *il se fait encore la main.*

Mais en fait, avec son caquetage brillant, avec sa phrase proprette, avec ses mots spirituels qu'il ramasse dans toutes les causeries, Mirecourt déroge ; car, sans initiative sérieuse dans ses haines, il n'est que l'écho mesquin d'une coterie de lettrés qui est loin de valoir celle qu'il attaque.

Avec son langage étincelant, avec son bavardage aux miroitantes facéties ravies à tous les foyers, à toutes les conversations, Jacquot, si bien nommé par acte de naissance; n'est plus un homme de lettres ; c'est un bel oiseau au caquetage agréable, au plumage doré et diapré; encore ne faut-il pas trop l'approcher. En le considérant de près, on s'aperçoit que le bel oiseau n'a qu'un *plumage d'emprunt.*

Chacune de ses plumes est prise dans l'écritoire de l'homme de lettres qu'il encense ou flétrit.

Jacquot est un perroquet paré des plumes.... du paon.

Paris. — Typ. méc. d'A. Delcambre et Comp., 15, rue Bréda

www.ingramcontent.com/pod-product-compliance
Lightning Source LLC
LaVergne TN
LVHW050649090426
835512LV00007B/1106